Russian Language Learning Journal

The Russian Alphabet			
Russian Character	English Equivalent	Sound	Letter Name in Russian
А а	A a	Like "a" in car	"ah"
Б б	B b	Like "b" in bat	"beh"
В в	V v	Like "v" in van	"veh"
Г г	G g	Like "g" in go	"geh"
Д д	D d	Like "d" in dog	"deh"
Е е	YE ye	Like "ye" in yet	"yeh"
Ё ё	YO yo	Like "yo" in yonder	"yo"
Ж ж	Zh zh	Like "s" in measure or pleasure or like "g" in beige (the color)	"zheh"
З з	Z z	Like "z" in zoo	"zeh"
И и	EE ee	Like "ee" in see	"ee"
Й й	I i or Y y	like "y" in boy or toy	"ee kratkoyeh"
К к	K k	Like "k" in kitten, "c" in cat.	"kah"
Л л	L l	Like "l" in light	"ehl"
М м	M m	Like "m" in mat	"ehm"
Н н	N n	Like "n" in no	"ehn"
О о	Stressed: O o Unstressed: A a	Like "o" in bore Like "a" in car	"oh"

П п	P p	Like "p" in pot	"peh"
Р р	R r	Like "r" in run (rolled)	"ehr"
С с	S s	Like "s" in sam	"ehs"
Т т	T t	Like "t" in tap	"teh"
У у	U u	Like "oo" in boot	"oo"
Ф ф	F f	Like "f" in fat	"ehf"
Х х	H h, KH kh	Like "h" in hello or like the "ch" in Scottish 'loch' or German 'Bach'	"khah"
Ц ц	TS ts	Like "ts" in bits	"tseh"
Ч ч	CH ch	Like "ch" in chip	"cheh"
Ш ш	SH sh (hard)	Like "sh" in shut	"shah"
Щ щ	SH sh (soft)	Like "sh" in sheep	"schyah"
Ъ ъ	Hard Sign	Letter before is hard	"tvyordiy znahk"
Ы ы	I i	Like "i" in ill	"i"
Ь ь	Soft Sign	Letter before is soft	"myagkeey znahk"
Э э	E e	Like "e" in pet	"eh"
Ю ю	YU yu	Like "u" in use or university	"yoo"
Я я	YA ya	Like "ya" in yard.	"yah"

Date:________

English	Russian
•	•
•	•
•	•
•	•
•	•
•	•
•	•

Example sentences

-
-
-
-
-
-
-

Notes:

____

____

____

____

____

____

____

____

Date:________

English	Russian
•	•
•	•
•	•
•	•
•	•
•	•
•	•

Example sentences

-
-
-
-
-
-
-

Notes:

____
____
____
____
____
____
____
____

Date:_________

English	Russian
•	•
•	•
•	•
•	•
•	•
•	•
•	•

Example sentences

-
-
-
-
-
-
-

Notes:

____
____
____
____
____
____
____
____

Date:________

English	Russian

Example sentences

Notes:

Date:________

English	Russian

Example sentences

Notes:

Date:________

English	Russian
•	•
•	•
•	•
•	•
•	•
•	•
•	•

Example sentences

-
-
-
-
-
-
-

Notes:

____

____

____

____

____

____

____

____

Date:__________

English	Russian
○	○
○	○
○	○
○	○
○	○
○	○
○	○

Example sentences

- ○
- ○
- ○
- ○
- ○
- ○
- ○

Notes:

____

____

____

____

____

____

____

____

Date:________

English	Russian
•	•
•	•
•	•
•	•
•	•
•	•
•	•

Example sentences

-
-
-
-
-
-
-

Notes:

____
____
____
____
____
____
____
____

Date:________

English	Russian
•	•
•	•
•	•
•	•
•	•
•	•
•	•

Example sentences

•
•
•
•
•
•
•

Notes:

___
___
___
___
___
___
___
___

Date:________

English	Russian
•	•
•	•
•	•
•	•
•	•
•	•
•	•

Example sentences

-
-
-
-
-
-
-

Notes:

____
____
____
____
____
____
____
____

Date:__________

English	Russian

Example sentences

Notes:

Date:________

English	Russian
•	•
•	•
•	•
•	•
•	•
•	•
•	•

Example sentences

-
-
-
-
-
-
-

Notes:

____
____
____
____
____
____
____
____

Date:________

English	Russian
•	•
•	•
•	•
•	•
•	•
•	•
•	•

Example sentences

-
-
-
-
-
-
-

Notes:

____
____
____
____
____
____
____
____

Date:________

English	Russian
•	•
•	•
•	•
•	•
•	•
•	•
•	•

Example sentences

-
-
-
-
-
-
-

Notes:

____

____

____

____

____

____

____

____

Date:________

English	Russian
•	•
•	•
•	•
•	•
•	•
•	•
•	•

Example sentences

-
-
-
-
-
-
-

Notes:

____

____

____

____

____

____

____

____

Date:________

English	Russian
•	•
•	•
•	•
•	•
•	•
•	•
•	•

Example sentences

-
-
-
-
-
-
-

Notes:

____
____
____
____
____
____
____
____

Date:__________

English	Russian
•	•
•	•
•	•
•	•
•	•
•	•
•	•

Example sentences

•
•
•
•
•
•
•

Notes:

____
____
____
____
____
____
____
____

Date:________

English	Russian
•	•
•	•
•	•
•	•
•	•
•	•
•	•

Example sentences

-
-
-
-
-
-
-

Notes:

____

____

____

____

____

____

____

____

Date:_________

English	Russian
•	•
•	•
•	•
•	•
•	•
•	•
•	•

Example sentences

-
-
-
-
-
-
-

Notes:

____

____

____

____

____

____

____

____

Date:________

English	Russian
•	•
•	•
•	•
•	•
•	•
•	•
•	•

Example sentences

-
-
-
-
-
-
-

Notes:

____
____
____
____
____
____
____
____

Date:__________

English	Russian
•	•
•	•
•	•
•	•
•	•
•	•
•	•

Example sentences

-
-
-
-
-
-
-

Notes:

____
____
____
____
____
____
____
____

Date:________

English	Russian
•	•
•	•
•	•
•	•
•	•
•	•
•	•

Example sentences

-
-
-
-
-
-
-

Notes:

Date:__________

English	Russian

Example sentences

Notes:

Date:________

English	Russian
•	•
•	•
•	•
•	•
•	•
•	•
•	•

Example sentences

-
-
-
-
-
-
-

Notes:

____
____
____
____
____
____
____
____

Date:_________

English	Russian
•	•
•	•
•	•
•	•
•	•
•	•
•	•

Example sentences

-
-
-
-
-
-
-

Notes:

____

____

____

____

____

____

____

____

Date:________

English	Russian
•	•
•	•
•	•
•	•
•	•
•	•
•	•

Example sentences

-
-
-
-
-
-
-

Notes:

____

____

____

____

____

____

____

____

Date:__________

English	Russian

Example sentences

Notes:

Date:________

English	Russian

Example sentences

Notes:

Date:________

English	Russian
•	•
•	•
•	•
•	•
•	•
•	•
•	•

Example sentences

-
-
-
-
-
-
-

Notes:

____
____
____
____
____
____
____
____

Date:________

English	Russian
•	•
•	•
•	•
•	•
•	•
•	•
•	•

Example sentences

-
-
-
-
-
-
-

Notes:

____

____

____

____

____

____

____

____

Date:________

English	Russian
•	•
•	•
•	•
•	•
•	•
•	•
•	•

Example sentences

-
-
-
-
-
-
-

Notes:

____
____
____
____
____
____
____
____

Date:________

English	Russian
•	•
•	•
•	•
•	•
•	•
•	•
•	•

Example sentences

-
-
-
-
-
-
-

Notes:

____

____

____

____

____

____

____

____

Date:__________

English	Russian
•	•
•	•
•	•
•	•
•	•
•	•
•	•

Example sentences

-
-
-
-
-
-
-

Notes:

Date:________

English	Russian
•	•
•	•
•	•
•	•
•	•
•	•
•	•

Example sentences

-
-
-
-
-
-
-

Notes:

____
____
____
____
____
____
____
____

Date:________

English	Russian
•	•
•	•
•	•
•	•
•	•
•	•
•	•

Example sentences

-
-
-
-
-
-
-

Notes:

____
____
____
____
____
____
____
____

Date:________

English	Russian
•	•
•	•
•	•
•	•
•	•
•	•
•	•

Example sentences

-
-
-
-
-
-
-

Notes:

____

____

____

____

____

____

____

____

Date:_________

English	Russian
•	•
•	•
•	•
•	•
•	•
•	•
•	•

Example sentences

-
-
-
-
-
-
-

Notes:

____

____

____

____

____

____

____

____

Date:________

English	Russian
•	•
•	•
•	•
•	•
•	•
•	•
•	•

Example sentences

-
-
-
-
-
-
-

Notes:

____
____
____
____
____
____
____
____

Date:________

English	Russian
•	•
•	•
•	•
•	•
•	•
•	•
•	•

Example sentences

-
-
-
-
-
-
-

Notes:

____
____
____
____
____
____
____
____

Date:________

English	Russian
•	•
•	•
•	•
•	•
•	•
•	•
•	•

Example sentences

-
-
-
-
-
-
-

Notes:

____
____
____
____
____
____
____
____

Date:________

English	Russian

Example sentences

Notes:

Date:_________

English	Russian
•	•
•	•
•	•
•	•
•	•
•	•
•	•

Example sentences

-
-
-
-
-
-
-

Notes:

____

____

____

____

____

____

____

____

Date:________

English	Russian
•	•
•	•
•	•
•	•
•	•
•	•
•	•

Example sentences

-
-
-
-
-
-
-

Notes:

____
____
____
____
____
____
____
____

Date:________

English	Russian
•	•
•	•
•	•
•	•
•	•
•	•
•	•

Example sentences

-
-
-
-
-
-
-

Notes:

____
____
____
____
____
____
____
____

Date:_________

English	Russian
•	•
•	•
•	•
•	•
•	•
•	•
•	•

Example sentences

-
-
-
-
-
-
-

Notes:

____
____
____
____
____
____
____
____

Date:________

English	Russian

Example sentences

Notes:

Date:________

English	Russian
•	•
•	•
•	•
•	•
•	•
•	•
•	•

Example sentences

-
-
-
-
-
-
-

Notes:

____
____
____
____
____
____
____
____

Date:________

English	Russian
•	•
•	•
•	•
•	•
•	•
•	•
•	•

Example sentences

-
-
-
-
-
-
-

Notes:

____
____
____
____
____
____
____
____

Date:________

English	Russian
•	•
•	•
•	•
•	•
•	•
•	•
•	•

Example sentences

-
-
-
-
-
-
-

Notes:

____

____

____

____

____

____

____

____

Date:________

English	Russian
•	•
•	•
•	•
•	•
•	•
•	•
•	•

Example sentences

-
-
-
-
-
-
-

Notes:

____
____
____
____
____
____
____
____

Date:________

English	Russian
●	●
●	●
●	●
●	●
●	●
●	●
●	●

Example sentences

-
-
-
-
-
-
-

Notes:

____
____
____
____
____
____
____
____

Date:________

English	Russian

Example sentences

Notes:

____
____
____
____
____
____
____
____

Date:_________

English	Russian

Example sentences

Notes:

Date:________

English	Russian
•	•
•	•
•	•
•	•
•	•
•	•
•	•

Example sentences

-
-
-
-
-
-
-

Notes:

____
____
____
____
____
____
____
____

Date:________

English	Russian
•	•
•	•
•	•
•	•
•	•
•	•
•	•

Example sentences

-
-
-
-
-
-
-

Notes:

____

____

____

____

____

____

____

____

Date:________

English	Russian
•	•
•	•
•	•
•	•
•	•
•	•
•	•

Example sentences

-
-
-
-
-
-
-

Notes:

____
____
____
____
____
____
____
____

Date:_________

English	Russian
•	•
•	•
•	•
•	•
•	•
•	•
•	•

Example sentences

-
-
-
-
-
-
-

Notes:

____

____

____

____

____

____

____

____

Date:________

English	Russian
•	•
•	•
•	•
•	•
•	•
•	•
•	•

Example sentences

-
-
-
-
-
-
-

Notes:

____

____

____

____

____

____

____

____

Date:________

English	Russian

Example sentences

Notes:

____

____

____

____

____

____

____

____

Date:________

English	Russian
•	•
•	•
•	•
•	•
•	•
•	•
•	•

Example sentences

-
-
-
-
-
-
-

Notes:

____
____
____
____
____
____
____
____

Date:________

English	Russian
•	•
•	•
•	•
•	•
•	•
•	•
•	•

Example sentences

-
-
-
-
-
-
-

Notes:

____

____

____

____

____

____

____

____

Date:________

English	Russian
•	•
•	•
•	•
•	•
•	•
•	•
•	•

Example sentences

-
-
-
-
-
-
-

Notes:

____
____
____
____
____
____
____
____

Date:_________

English	Russian
•	•
•	•
•	•
•	•
•	•
•	•
•	•

Example sentences

-
-
-
-
-
-
-

Notes:

____

Date:________

English	Russian
•	•
•	•
•	•
•	•
•	•
•	•
•	•

Example sentences

-
-
-
-
-
-
-

Notes:

____

____

____

____

____

____

____

____

Date:_________

English	Russian

Example sentences

Notes:

Date:________

English	Russian
•	•
•	•
•	•
•	•
•	•
•	•
•	•

Example sentences

-
-
-
-
-
-
-

Notes:

____

____

____

____

____

____

____

____

Date:_________

English	Russian

Example sentences

Notes:

Date:________

English	Russian
•	•
•	•
•	•
•	•
•	•
•	•
•	•

Example sentences

-
-
-
-
-
-
-

Notes:

____

____

____

____

____

____

____

____

Date:________

English	Russian
•	•
•	•
•	•
•	•
•	•
•	•
•	•

Example sentences

-
-
-
-
-
-
-

Notes:

____

____

____

____

____

____

____

____

Date:________

English	Russian
•	•
•	•
•	•
•	•
•	•
•	•
•	•

Example sentences

-
-
-
-
-
-
-

Notes:

____
____
____
____
____
____
____
____

Date:________

English	Russian
•	•
•	•
•	•
•	•
•	•
•	•
•	•

Example sentences

-
-
-
-
-
-
-

Notes:

____

____

____

____

____

____

____

____

Date:________

English	Russian
•	•
•	•
•	•
•	•
•	•
•	•
•	•

Example sentences

-
-
-
-
-
-
-

Notes:

____
____
____
____
____
____
____
____

Date:_________

English	Russian
•	•
•	•
•	•
•	•
•	•
•	•
•	•

Example sentences

-
-
-
-
-
-
-

Notes:

____
____
____
____
____
____
____
____

Date:________

English	Russian
•	•
•	•
•	•
•	•
•	•
•	•
•	•

Example sentences

-
-
-
-
-
-
-

Notes:

____

____

____

____

____

____

____

____

Date:________

English	Russian
•	•
•	•
•	•
•	•
•	•
•	•
•	•

Example sentences

-
-
-
-
-
-
-

Notes:

____
____
____
____
____
____
____
____

Date:________

English	Russian
•	•
•	•
•	•
•	•
•	•
•	•
•	•

Example sentences

-
-
-
-
-
-
-

Notes:

____
____
____
____
____
____
____
____

Date:_________

English	Russian
•	•
•	•
•	•
•	•
•	•
•	•
•	•

Example sentences

-
-
-
-
-
-
-

Notes:

____

____

____

____

____

____

____

____

Date:________

English	Russian
•	•
•	•
•	•
•	•
•	•
•	•
•	•

Example sentences

-
-
-
-
-
-
-

Notes:

____

____

____

____

____

____

____

____

Date:________

English	Russian
•	•
•	•
•	•
•	•
•	•
•	•
•	•

Example sentences

-
-
-
-
-
-
-

Notes:

____

____

____

____

____

____

____

____

Date:_________

English

Russian

Example sentences

Notes:

Date:_________

English	Russian
•	•
•	•
•	•
•	•
•	•
•	•
•	•

Example sentences

-
-
-
-
-
-
-

Notes:

____

____

____

____

____

____

____

____

Date:________

English	Russian
•	•
•	•
•	•
•	•
•	•
•	•
•	•

Example sentences

-
-
-
-
-
-
-

Notes:

____

____

____

____

____

____

____

____

Date:__________

English	Russian
•	•
•	•
•	•
•	•
•	•
•	•
•	•

Example sentences

-
-
-
-
-
-
-

Notes:

____

____

____

____

____

____

____

____

Date:________

English	Russian
•	•
•	•
•	•
•	•
•	•
•	•
•	•

Example sentences

-
-
-
-
-
-
-

Notes:

____

____

____

____

____

____

____

____

Date:__________

English	Russian
•	•
•	•
•	•
•	•
•	•
•	•
•	•

Example sentences

-
-
-
-
-
-
-

Notes:

____

____

____

____

____

____

____

____

Date:________

English	Russian
•	•
•	•
•	•
•	•
•	•
•	•
•	•

Example sentences

-
-
-
-
-
-
-

Notes:

____
____
____
____
____
____
____
____

Date:________

English	Russian
•	•
•	•
•	•
•	•
•	•
•	•
•	•

Example sentences

-
-
-
-
-
-
-

Notes:

____
____
____
____
____
____
____
____

Date:________

English	Russian
•	•
•	•
•	•
•	•
•	•
•	•
•	•

Example sentences

-
-
-
-
-
-
-

Notes:

____

____

____

____

____

____

____

____

Date:________

English	Russian
•	•
•	•
•	•
•	•
•	•
•	•
•	•

Example sentences

-
-
-
-
-
-
-

Notes:

____

____

____

____

____

____

____

____

Date:________

English	Russian
•	•
•	•
•	•
•	•
•	•
•	•
•	•

Example sentences

-
-
-
-
-
-
-

Notes:

____

____

____

____

____

____

____

____

Date:__________

English	Russian
•	•
•	•
•	•
•	•
•	•
•	•
•	•

Example sentences

-
-
-
-
-
-
-

Notes:

____
____
____
____
____
____
____
____

Date:________

English	Russian
•	•
•	•
•	•
•	•
•	•
•	•
•	•

Example sentences

-
-
-
-
-
-
-

Notes:

____

____

____

____

____

____

____

____

Date:_________

English	Russian

Example sentences

Notes:

Date:________

English	Russian
•	•
•	•
•	•
•	•
•	•
•	•
•	•

Example sentences

-
-
-
-
-
-
-

Notes:

____

____

____

____

____

____

____

____

Date:_________

English	Russian
•	•
•	•
•	•
•	•
•	•
•	•
•	•

Example sentences

-
-
-
-
-
-
-

Notes:

____

____

____

____

____

____

____

____

Date:________

English	Russian
•	•
•	•
•	•
•	•
•	•
•	•
•	•

Example sentences

-
-
-
-
-
-
-

Notes:

____
____
____
____
____
____
____
____

Date:_________

English	Russian
•	•
•	•
•	•
•	•
•	•
•	•
•	•

Example sentences

-
-
-
-
-
-
-

Notes:

____

____

____

____

____

____

____

____

Date:________

English	Russian

Example sentences

Notes:

Date:________

English	Russian
•	•
•	•
•	•
•	•
•	•
•	•
•	•

Example sentences

-
-
-
-
-
-
-

Notes:

____
____
____
____
____
____
____
____

Date:________

English

Russian

Example sentences

Notes:

Date:_________

English	Russian
•	•
•	•
•	•
•	•
•	•
•	•
•	•

Example sentences

-
-
-
-
-
-
-

Notes:

____

____

____

____

____

____

____

____

Date:________

English	Russian
•	•
•	•
•	•
•	•
•	•
•	•
•	•

Example sentences

-
-
-
-
-
-
-

Notes:

____
____
____
____
____
____
____
____

Date:__________

English	Russian
•	•
•	•
•	•
•	•
•	•
•	•
•	•

Example sentences

-
-
-
-
-
-
-

Notes:

____
____
____
____
____
____
____
____

Date:________

English	Russian
•	•
•	•
•	•
•	•
•	•
•	•
•	•

Example sentences

-
-
-
-
-
-
-

Notes:

____
____
____
____
____
____
____
____

Date:_________

English	Russian

Example sentences

Notes:

Date:________

English	Russian
•	•
•	•
•	•
•	•
•	•
•	•
•	•

Example sentences

-
-
-
-
-
-
-

Notes:

____
____
____
____
____
____
____
____

Date:_________

English	Russian
•	•
•	•
•	•
•	•
•	•
•	•
•	•

Example sentences

-
-
-
-
-
-
-

Notes:

____

____

____

____

____

____

____

____

www.ingramcontent.com/pod-product-compliance
Lightning Source LLC
Chambersburg PA
CBHW051110110225
21764CB00013B/94

* 9 7 9 8 7 3 2 7 2 5 6 1 2 *